COURS

D'ORTHOGRAPHE USUELLE

A L'USAGE DES ÉCOLES PRIMAIRES,

PAR

UN INSTITUTEUR.

NANCY,

GRIMBLOT ET VEUVE RAYBOIS,

Imprimeurs-Libraires,

RUE SAINT-DIZIER, 125.

—

1855.

AVERTISSEMENT.

Pour de jeunes enfants, qui ne comprendraient
pas les règles de la grammaire, il n'est rien de
plus utile que des exercices d'orthographe pratique. Au moyen de ces exercices, qui exigent peu
d'intelligence, et qui servent de leçons de lecture,
les élèves apprennent non-seulement à écrire un
grand nombre des mots qui les embarrasseraient
plus tard, mais encore, ils emploient avec fruit
ces premières années pendant lesquelles ils doivent contracter l'heureuse habitude d'un travail
utile, continuel et agréable.

AVIS.

Chaque jour, les élèves étudient, copient, écri-
vent sous la dictée, une page de ce recueil.

Ils ne doivent passer à la page suivante que
quand ils savent suffisamment bien tous les mots
de la page qui les occupe.

Nancy, imprimerie de veuve Raybois et Comp.

MOTS.

amitié

artiste

ami

assiduité

---

habileté

habitant

haleine

harmonie

hameçon

---

solennité (1)

femme

indemnité

rouennerie

acacia

alinéa

opéra

sopha

tréma

visa

dahlia

---

combat

grabat

certificat

candidat

mandat

résultat

pensionnat

---

(1) Dans ces mots l'E se prononce A

bas (1)	bât (2)
compas	dégât
embarras	
cadenas	ébène
cabas	écart
canevas	échalote
cervelas	éclat
chasselas	
échalas	hébreu
frimas	hémistiche
repas	hérédité
taffetas	hémisphère
lilas	
tas	tracé
ras	duché
	clergé
estomac	préjugé
tabac	raisiné
almanach	café
drap	délégué

(1) Vêtement. — (2) Selle.

pauvreté	archer
sainteté	plancher
loyauté	clocher
sûreté	boucher
aménité	berger
	rocher

pâtée (1)	
assiettée	idée
hottée	cognée
potée	année
portée	coudée
montée	gelée
jetée	tournée
dictée	poupée

apogée	image
lycée	ivoire
mausolée	ivraie
musée	isolement
trophée	imitation

(1) Mélange d'aliments en pâte pour les animaux.

hier

hilarité

hirondelle

hiver

Hyacinthe

hydraulique

hydrophobie

hygiène

hydrogène

hypothèque

hydre

hydroscope

hyène

hyssope

---

cahier

envahir

véhicule

trahir

mystère

anonyme

analyse

encyclopédie

cygne

cyprès

cylindre

dynastie

étymologie

gymnase

myria

paralysie

physique

pyramide

style

symbole

syndic

syntaxe

système

tympan

abri	brebis
appui	rubis
céleri	débris
défi	gâchis
ennemi	taillis
étourdi	tamis
infini	vernis
lundi	surplis
mardi	marquis
samedi	pays

débit	scie
habit	superficie
récit	psalmodie
conscrit	tragédie
crédit	géographie
biscuit	cristallerie
réduit	pâtisserie
minuit	géodésie
profit	vie

sourcil (1)	obéissance
coutil	objection
baril	obole
fusil	organe
chenil	orgue
fenil	ordinaire
outil	ossement

---

perdrix	holocauste
prix	hommage
crucifix	homme
	honneur
cric (2)	horizon
arsenic	horloge
	hostie

---

riz	
muid	aubaine
nid	aubépine
puits	aumône
	auxiliaire

---

(1) Dans les mots de cette série l'L final ne se prononce pas. — (2) Machine pour soulever des fardeaux.

domino	artichaut
numéro	défaut
zéro	saut (1)
piano	assaut

fléau	chaux
tuyau	matériaux
boyau	taux
préau	faux

berceau	propos
faisceau	repos
hameau	héros
tréteau	dos
tableau	os

réchaud	dépôt
échafaud	impôt
crapaud	rôt
nigaud	bientôt

(1) Mouvement.

sabot	huile
rabot	huissier
abricot	humanité
calicot	humeur
escargot	inhumer
lingot	exhumer
matelot	exhortation

accroc (1)	tribu (2)
escroc	tissu
broc	vertu
	exigu
trop	contigu
sirop	fichu
galop	revenu
	têtu
ulcére	ingénu
usage	glu
urne	résidu
usurier	absolu

---

(1) Dans ces mots le C ne se prononce pas ; il en est de même du P dans les mots suivants. — (2) Partie d'un peuple.

tendue	flux
ciguë	reflux
grue	
statue	ébahi
cohue	écaille
sangsue	écran
issue	écrou
	écusson
abus	édifice
refus	
jus	hectare
talus	herbe
surplus	hermine
Jésus	héritier
tribut (1)	prêt
attribut	forêt
scorbut	arrêt
statut (2)	intérêt
substitut	acquêt

(1) Impôt. — (2) Règle.

progrès	mets
succès	legs
congrès	
décès	bey
excès	dey
abcès	chez
auprès	nez

respect	bourbier
aspect	gibier
navet	sorbier
gibet	acier
archet	cordier
brochet	prunier
crochet	escalier
buffet	groseillier
soufflet	sellier
budget	fermier
beignet	cerisier
pamphlet	panier

pied	bai
	gai
aide	délai
aile	geai
aisance	minerai
airain	essai
aimant	balai
	relai
haie	déblai
claie	étai
craie	vrai
baie	
monnaie	frais
plaie	épais
raie	engrais
taie	laquais
futaie	marais
oseraie	palais
ormaie	rabais
chênaie	laid

paix
faix

---

fait
bienfait
souhait
portrait
lait (1)

---

européen
euphonie
heure
heureux
œillet
œillade

---

essieu
lieu
feu
jeu

vieux
neigeux
vertueux
soigneux
venimeux
rugueux
consciencieux
studieux

---

lieue
queue
nœud

---

ouate
oubli

---

aquatique
équateur
quadragénaire
quadrupède

---

(1) Liqueur blanche.

hibou	toux
brou	doux
cou (1)	jaloux
chou	époux
clou	courroux
fou	sain-doux
acajou	
bijou	août
trou	nous
caillou	vous
verrou	pouls
joujou	joug

boue	emballage
roue	embaumer
joue	emblême
	emplâtre
beaucoup	empire
loup	empeigne
coup (2)	emplacement

(1) Partie du corps. — (2) Effet de la percussion.

ambassade

ambition

ambulance

amplitude

ampoule

---

ancien

ancre

anchois

ange

anguille

antre

anxiété

---

enclin

enclos

enclume

encouragement

enduit

endroit

bandeau

banque

cantique

danger

fanfare

hangar

janvier

lance

lanterne

pancarte

tangence

---

denture

fente

lendemain

pension

sentier

entendre

---

répandre

bambou	artisan
camphre	safran
hampe	cabestan
jambe	cadran
lampe	plan
pampre	faisan
rampe	ouragan
tampon	turban

censeur	marchand
centiare	grand
gendre	normand
alentour	tisserand
augmentation	gland
calendrier	
rencontre	chant
septembre	néant
novembre	enfant
décembre	gant
temple	ruminant

rang	innocent
sang	patient
étang	opulent
	froment
banc	dévouement
blanc	instrument
flanc	éloquent
franc	fervent
camp	invention
champ	intérieur
	incapable
faon (*fan*)	inconvénient
paon (*pan*)	incendie
hareng	ainsi
encens	
exempt	singe
temps	dinde
dans	mince

bambin	faim (2)
capucin	daim
tocsin	essaim
clavecin	
vaccin	Lucien
requin	chien
taquin	païen
chemin	musicien
	tragédien
bain	pharisien
forain	maintien
gain	examen
main	citoyen
nain	entretien
grain	
pain	dessein
parrain	frein
refrain	plein
lendemain	rein
sain (1)	serein

(1) De bonne constitution. — (1) Besoin de manger.

succinct	cymbale
distinct	lymphe
instinct	nymphe
vingt	symphonie

saint	ceinture
toussaint	teinture
contraint	crainte
maint	plainte

seing (1)	aucun
thym	brun
	chacun

imbiber	jeun
importance	alun
imbu	commun
imposition	parfum
impertinence	
imposture	défunt
impatience	emprunt

(1) Signature.

bonté	nom
longtemps	plomb
bombe	tronc
dompter	
compte	moribond
	vagabond
houblon	blond
flacon	fécond
limaçon	second
rançon	fond
panthéon	plafond
estragon	profond
wagon	gond
bourgeon	
pigeon	front
sauvageon	pont
plongeon	
laiton	prompt
	long
taon (*ton*)	oblong

oisif	froid
oiseau	sang-froid

emploi	endroit
charroi	exploit
paroi	détroit
octroi	doigt

oie	choix
foie (1)	croix
voie (2)	voix
soie	noix
	poix

fois	
bois	loin
bourgeois	coin
mois (3)	foin
pois (4)	
patois	coing (5)
poids	poing (6)

(1) Partie du corps. — (2) Chemin. — (3) Partie de
l'année. — (4) Légume. — (5) Fruit. — (6) Partie du corps.

adjoint
point
moins

---

abaissement
abattre

---

abbé
abbaye
rabbin
sabbat
gibbeux

---

syllabe
arabe
Achab
Moab

---

glèbe
plèbe

globe
robe
aube
daube
Jacob

---

tube
club

---

accourir
accumuler
académie
acariâtre
occasion

Isaac
Cognac
lac
sac
bac

chaque
zodiaque
cosaque
attaque
opaque
sandaraque

---

arc
talc
marc
Danemarck
parc
barque
marque
remarque
monarque

---

bec
échec
grec

obsèques
bifteck

---

infect
abject
correct
direct
collecte
secte
insecte

---

alambic
public
syndic
mastic
trafic
laïque
brique
tropique
musique

obélisque	addition
disque	reddition
fisc	additionnel

bloc	arcade
choc	barricade
roc	cascade
soc	façade
coque	passade
époque	Bagdad
ventriloque	Galaad

duc	tiède
caduc	bipède
suc	Suède
stuc	
perruque	bride
nuque	suicide
bouc	cid
felouque	David

code	affection
mode	affaire
synode	affirmation
méthode	afin
Nemrod	Afrique

prélude	effacer
promptitude	offertoire
vicissitude	faculté
sud	fermeté
Sund	firmament

bande	phalange
offrande	phare
viande	phthisie
amande (1)	philtre
guirlande	phénomène
dividende	pharmacie
légende	phosphore
amende (2)	phrase

(1) Fruit. — (2) Somme que l'on paie.

alphabet	naïf
amphibie	canif
atmosphère	esquif
éléphant	tarif
graphomètre	craintif
ophthalmie	motif
	suif

agrafe	calife
carafe	pontife
girafe	griffe
parafe	Caïphe
biographe	logogriphe
géographe	hiéroglyphe
orthographe	triglyphe

chef	étoffe
nef	strophe
relief	apostrophe
Joseph	philosophe
greffe	sauf

truffe

tuf

œuf

bœuf

neuf

veuf

---

soif

coiffe

---

guerre

garantie

gâteau

jaugeage

---

agglomérer

aggraver

gnomonique

stagnation

bague

dague

bègue

collègue

---

digue

figue

---

drogue

synagogue

---

ange

fange

grange

il venge

---

jalousie

jeton

jouet

jeûne

genou	cordial
rougeâtre	nuptial
flageolet	national
collége	hôpital
manége	loyal
cortége	pectoral

meilleur	percale
allumer	pédale
alléger	scandale
alors	cathédrale
aliénation	spirale
alerte	sale
illusion	hâle
île	
collation	halle
colère	balle
	malle
bocal	salle
sépulcral	stalle

ciel	celle
sel	étincelle
dégel	selle
fiel	parcelle
pluriel	vermicelle
visuel	margelle
caramel	semelle
éternel	chapelle
Noël	sauterelle
scalpel	vaisselle
quel	Moselle
réel	truelle
missel	voyelle
autel	ruelle
* hôtel (1)	aile

érysipèle	profil
modèle	babil
isocèle	cil
poêle	subtil

(1) Maison au service des étrangers.

sébile	folle
concile	molle
pile	colle
chyle	gaule
éolipyle	épaule
pupille	saule
fille	
famille	Saül
coquille	calcul
pastille	nul

espagnol	vestibule
vitriol	somnambule
bémol	fécule
sol	pendule
vol	Ursule
obole	
rougeole	fenouil
fiole	houille
étole	grenouille

foule
poule
ampoule
moule

---

linceul
épagneul
aïeul
filleul
tilleul
seul
meule

---

poil

---

toile
étoile
voile
il voile
moelle

cercueil
accueil
recueil
deuil
cerfeuil
orgueil
écureuil
fauteuil
treuil
chevreuil
écueil
seuil

---

feuille
portefeuille
chèvrefeuille
il accueille
il recueille
il cueille
il effeuille

ail	commune
bail	commencement
bercail	comète
camail	comédie
émail	immortel
corail	image
bétail	
portail	âme
poitrail	infâme
travail	dame
	drame
caille	rame
écaille	flamme
médaille	gramme
mangeaille	il condamne
paille	Abraham
broussailles	Cham
funérailles	
cisailles	crème
Versailles	Jérusalem

diadème	album
stratagème	sternum
blasphème	opium
système	maximum
gemme	minimum
lemme	laudanum
	rhum

sublime	pensum
lime	erratum
anonyme	forum
azyme	
Ephraïm	
intérim	

	légume
chrôme	volume
dôme	rhume
	costume
	enclume
	écume

baume	plume
psaume	coutume
chaume	bitume

anneau	chêne
bonnet	frêne
honneur	alêne (1)
honorer	scalène
donation	indigène
colonie	patène

âne	antenne
crâne	étrenne
cabane	haine
organe	aubaine
colophane	graine
Guyane	capitaine
douane	mitaine
frangipane	futaine

Anne	baleine
canne	baleine
paysanne	reine
vanne	veine

---

(1) Outil de cordonnier.

amen
gluten
pollen

tribune
fortune
lune

---

fascine
vaccine
orpheline
héroïne
étamine

apprivoiser
appartenir
appartement
apprendre
appliquer

---

cône
aumône
Saône (*Sône*)
trône
zône
automne
carbone
colonne
lionne
jaune

apercevoir
apaiser
aplanir
aplatir
apôtre
apostat
apathie
apothicaire

---

cap

étape	croup (1)
pape	group (2)
trappe	coupe
nappe	chaloupe
grappe	groupe (3)
	étoupe
cep	troupe
guêpe	croupe
crêpe	loupe
principe	qui
tulipe	kilo
grippe	kyrielle
Europe	christianisme
myope	chaos
syncope	chœur
	chrétien
jupe	chrysalide
huppe	choléra

(1) Maladie. — (2) Sac plein d'or ou d'argent. — (3) Réu-
nion.

quantité	piqûre
quotidien	coq
quotient	cinq

carnage	arrogance
comédien	arracher
cueillir	arrière
cardinal	arrivée

anachorète	araignée
archange	are
eucharistie	arène
écho	arête
orchestre	ariette

explicable	correction
implacable	corrompre
pratiquable	corail
critiquable	irréprochable
attaquable	ironie

par

czar

bazar

car

cauchemar

hangar

char

---

guitare

tiare

mare

phare

bécarre

bizarre

écart

départ

quart

plupart

part

marc

épars

jars

---

brancard

brouillard

canard

renard

léopard

vieillard

épinard

lard

poignard

billard

retard

nasard

bavard

blafard

dard

étendard

amer	guerre (3)
cancer	lierre
enfer	tonnerre
hiver	équerre
fer	parterre
fier	verre
mer	
ver (1)	tiers
cher	pervers
	univers
calorifère	divers
frère	envers
père	
mère	concert
mammifère	expert
glacière	couvert
visière	vert (4)
guère (2)	clerc (5)
cochère	nerf
enchère	cerf

(1) Insecte. — (2) Pas beaucoup. — (3) Querelle entre
deux nations. — (4) Couleur. — (5) Étudiant en pratique.

chair

air

clair

pair

___

paire (1)

auxiliaire

vestiaire

bréviaire

judiciaire

salaire

___

dormir

réfléchir

bouillir

finir

attendrir

cueillir

courir

sévir

___

écrire

déduire

instruire

traduire

lyre

myrrhe

___

or

essor

ténor

major

___

pore

chlore

clore (2)

sycomore

aurore

store

sonore

encore

___

(1) Deux objets. — (2) Fermer.

bord

accord

remords

corps

mors

port

support

porc

j'abhorre

maure

obscur

dur

mur

pur

azur

mûr

futur

doublure

cure

gageure

vergeure

gerçure

gravure

four

cour

labour

lourd

sourd

bravoure

bourre

velours

discours

secours

faubourg

Strasbourg

ardeur	noir
odeur	perçoir
jaugeur	séchoir
voyageur	éteignoir
vigueur	chauffoir
scieur	semoir
pâleur	encensoir
tanneur	dortoir
stupeur	trottoir
cœur	abreuvoir
vainqueur	lavoir
sœur	valoir
	vouloir
heure	seoir
demeure	asseoir
beurre	devoir
leurre	mouvoir
-mœurs	entrevoir
pleurs	pleuvoir
ailleurs	recevoir

boire   sagacité

croire   signature

société

machoire   sûreté

mangeoire   cécité

écumoire   cédille

auditoire   cellier

directoire   cerceau

écritoire   cierge

répertoire   cerveau

territoire

vésicatoire   scène

réfectoire   sceptre

réquisitoire   science

adolescence

antre   conscience

chantre   oscillation

centre   susceptible

ventre   ascension

entre   disciple

balbutier	audace
ineptie	surface
inertie	menace
minutie	limace
prophétie	rosace

atlas	éparse
hélas	farce
Jonas	mars
laps	
relaps	Grèce
base	pièce
extase	espèce
	nièce

masse	diocèse
tasse	dièse
calebasse	est
filasse	lest
paillasse	ouest
terrasse	zest

richesse	préjudice
mollesse	épice
finesse	nourrice
caresse	tutrice
paresse	institutrice
déesse	actrice

caisse	jadis
graisse	vis
braise	gratis
chaise	bis
fraise	lis
mortaise	coulisse
punaise	pelisse
seize	génisse
treize	écrevisse
	éclipse

secousse	gypse
gousse	franchise
blouse	cytise

dose	omnibus
rose	rebus
prose	angelus
mérinos	typhus
tétanos	humus

précoce	puce
noce	astuce
féroce	Prusse
atroce	
bosse	ronce
cosse	réponse
colosse	bronze
brosse	onze
sauce	ardoise
cause	paroisse
pause	angoisse

excuse	tailleuse
céruse	joueuse

vacance

bienséance

allégeance

obligeance

vengeance

garance

quittance

---

faïence

adhérence

existence

présence

---

danse

ganse

panse

anse

offense

récompense

immense

convulsion

expansion

impulsion

scission

rémission

permission

omission

---

abdication

attestation

coagulation

fraction

prohibition

contravention

contribution

éruption

attention

natation

mutation

arrestation

tapis	patte
télégraphe	latte
tirailleur	Apt
tortue	apte
turban	rapt

thême	bête
thé	crête
théâtre	fête
théorie	faîte
athlète	tablette
gothique	dette

vivat	net
cobalt	sept
halte	complète
pâte	discrète
date	inquiète
cravate	secrète
savate	replète

déficit	thorax
zénith	axe
huit	index
accessit	silex
orbite	Aix
satellite	circonflexe
il quitte	annexe

dot	préfix
anecdote	Félix
marmotte	phénix
grotte	dix
	six

brut	prolixe
but	fixe
occiput	rixe
chute	luxe
hutte	
route	gaz
goutte	gaze

Suez	tact
trapèze	contact

	exact
Sardaigne	acte
règne	épacte
peigne	compacte
aigle	cataracte
seigle	drachme

abondamment	abondant
couramment	courant
obligeamment	obligeant
suffisamment	suffisant
constamment	constant

ardemment	ardent
fréquemment	fréquent
récemment	récent
notamment	
nuitamment	

vieil	abeille
soleil	corbeille
sommeil	oreille
appareil	groseille
pareil	treille
conseil	il conseille

---

musc	chiffre
busc	fifre
jusque	
mollusque	ah !
	ha !
Christ	hé !
liste	Eh !
organiste	hélas !
égoïste	chut !
artiste	silence !
archiviste	hola !
ministre	oui
sinistre	

FIN.